Min inre palett

Michelle Joannides Barr

Omslag och omslagsfoto: © Michelle
Joannides Barr

Förlag: BoD - Books on Demand,
Stockholm, Sverige

Tryck: BoD - Books on Demand,
Nederstedt, Tyskland

ISBN: 9789177853152

Tiden

Den tröstar

Och läker

Den löser

Och mildrar

Utan den

Inget liv

Inget hopp

Ingen tro

Vi räds

Ryggar

Omfamnar på samma gång

Det okända den gömmer

Dubbelhet

Du ger mig luft

Medan du kväver

Du hatar mig

Medan du älskar

Du lämnar mig

Medan du stannar

Du svarar mig

Medan du undrar

Väckt

Sommarnatten väcker

Söker uppmärksamhet

Vill påminna om dagar

Som snart blir en längtan

Den anar inte smärtan

Anar inte det som finns

Varje natt inom mig

Det sömnen döljer

Vrålen

Smärtans

Saknadens

Existensens

Njutningens

Lidandets

Inre vrål

Eller ljudligt

De är alla lika

Naturen mäter inte

Dömer inte

Den vet

Hår

Det gråa kom aldrig

som du ville

Björkarna slog ut

i samma mening

Sommaren kom

utan dig här

Det bruna förblev

och snart hela du

Min inre palett

Ibland lyser ett rosa sken upp

Det mörkblå som svept in

Över ljusgröna stänk

På det lila som porlande fyller

Det orange kluttandet som
blandas

Med det ljusgrå som breder

Ut över det jag kallar min inre
palett.

Endast nu

I bara några år

Får ni pussa mina tår

Bara en stund

Är jag gosig och rund

Endast nu

Snart är jag sju

Tro inte jag väntar

Vuxen tid gläntar

Tid med lilla mig

Snart ett minne för dig

Revan

Någonting som hänt

    Ett slag

    En avvisning

När du skulle ha känt

    En smekning

    En bekräftelse

På att den du var dög

    En individ

    Ett barn

Och att kärleken var hög

    En symbios

    En kraft

Det gav djupa sår i ditt inre

    En tomhet

    En saknad

Som du fyller på för att leva

Ett bevis

En framgång

Liksom plåster på en reva

Vid din sida

Slumra sött min skrutt

Vakna efter en stund jag kallar på
John Blund

Snusa gott i ditt slott

När du vaknar är det inget du
saknar

Somna igen min vän

Jag tröstar din gråt när sängen
blivit våt

Sussa nu lilla du

Jag finns här vid din sida i
världen den vida

I mossan

I vårkvällens sista soltimme

Skogens gröna lyser än

Vi smälter likt snön nyss gjort

Ner i mossan och i varandra

Trädens stammar dansar sakta

Himlens blekblå lovar sommar

Ovillkorlig kärlek

Jag böjer mig för dig

Viker undan

Hoppar högt

Vänder mig

Dyker ner

Dina brinnande känslor

Blodiga tankar

Kvävande ord

Håller mig vaken

Alltid igång

Alltid trött

Aldrig lugn

Alltid älskad

Leva nu

Inte hoppas

Bara kämpa

Vara nära

Inte vilja

Leva nu

Sedan kommer

Våga lita

Trots allt

Borsten

Något så vardagligt
Men ändå så oumbärligt
En liten sak av trä eller plast
Reder ut och renar

Plötsligt unik
Liksom obehövd
Åtråvärd i sin enkelhet
Endast doften finns kvar

Minnen som omsveper
Förintas inte men bleknar
I takt med tiden som döljer
Borsten som var din

Min väg

Jag känner den inom mig

Eller inte

Kraften

Ibland svagare

I andra fall omöjlig att dölja

Förväntningarna

Från mig och er

Vilseleder

Bara min väg är den sanna

Min väg som kvinna

Sockerkakan från frysen

En sista hälsning

från dödens rike

med doft och smak

av vanilj och citron.

Kakan du bakat

är snart bara smulor

och sedan ett minne

från tiden med dig.

Kampen

Mot demoner kämpar du

Jag står där

Ibland en av dem tror du

Jag ser dig

Du riktar svärdet mot mig

Jag blundar

Du känner min rädsla

Jag känner din kärlek

Du förbannar dig

Jag tröstar

Du måste fortsätta striden

Jag låter dig gå

Såhär

Liten mage att pussa

Sedan vila och sussa

Liten mun vill amma

Kramas med mamma

Tröstas mot bröst

Höra känd röst

Såhär ska det va

Så blir allt bra

Det sista försvaret

Runt runt svingar du

Svärdet ser så lätt ut

Jag parerar gång på gång

Tröttare och tröttare

Är vi båda

Men du kan inte släppa tyngden

Svärdet får aldrig falla

Då faller du

All tid

Jo det betyder

Vi betyder

Tiden idag

Kyssen nyss

Din hand över min

Tiden tappar aldrig värde

Det är du

Spara på orden

På nerverna

På hjärtslagen

På smärtan

Luft djupt ner och ut

Det är du

Din upplevelse

Dina känslor

Dina tankar

Din åsikt

Inte min

Släppa

Måste släppa

Taget

Famnen

Min längtan

Att älskas av dig

Bekräftad

En mjuk mening

I ensamhetens hål

Ljus mot min panna

Tron att vara värd

Hoppet om ett slut

Jag tillåts finnas

Jag kunde

Det kunde ha blivit

Din hand i min

Genom glittrigt mörker

Genom dalen som vi

Inte du och jag

Jag kunde ha fångat tiden

Gjort den till vår

Mitt språk

Du säger att du kan mitt språk

Det enda språk jag kan

Jag känner det

Varje nerv

Mitt hjärta

Alla sinnen

Ingen annan har jag hört

Låt det aldrig bli tyst igen

Energiomvandling

En spänd fjäder har släppt

Kraften sköt den upp

Laddad energi har upplösts

Omformad och förnyad i oss

Kärleken

Som en ekande katedrals
folktomma rymd

Så dånande som klockan i topp

Flämtande som när vinden
greppar

Stilla som efter en storm

Nyckfull och hänsynslös är du
och du skonar ingen

Snön

Den återfunna kärleken i det
blåvitt gnistrande.

Den melankoliska mörkblå
kappan över oss.

Känslan från förr ges åter liv.

I tusental far ni med vinden.

Över och runt oss.

Påminner om dagar som gått.

Kom alltid tillbaka.

Minnas

Lukt av blöta lockar och solkysst
hud

Från svajande vasstrån i vinden
hörs ljud

Plasket ger glimmande strimmor
av ljus

När sanden virvlar av allt vårt bus

Tre små fiskar simmar runt våra
ben

Jag känner med foten en hal
liten sten

En kort stund av all tid här nere i
sjön

Något att minnas när jag pulsar i
snön

Längtans horisont

Ljuva ord och smekningar i
längtans horisont

De finns där utom räckhåll men
synliga för ögats törst

I omöjligheten gömmer sig
möjligheten

Den tar kraft från mörkrets
bottenlöshet och siktar upp och
ut.

Nästa liv

I nästa liv säger du

Finns inte tänker jag

Tårarna känns men syns ännu
inte

Ord av trygghet och hopp i det
oändligt svarta

Livet efter oss

Min tid är din

Valde livet

Att ge liv

Väljer varje dag

Ditt liv

Livet jag gett

Att älska och älskas

Nu

Nu denna stund,

när marken blev några miljoner
flingor vitare.

Nu har vi varandra,

när våra andetag förenas i det
oändliga

Nu finns vi,

av alla sekunder som varit och
kommer.

Nu är bara nu.

Bränd

Jag ville allt

Men ändå inget

Kroppen sprang

När jag borde gått

Viljan att älskas

Istället för att älska

Linjens värde

Ni frågar vad

Jag svarar linje

Ni vill veta

Det duger inte

Något är det

En krumelur?

Så fint säger ni när jag svarar ja

Väntan

Jag ska vänta

Räkna timmarna

Olidliga är de

Tysta och tomma

Slår och tickar

På väg mot något

Inget slut men kanske en början

Upptäckten

Jag upptäckte något nyss,

Som borde räknas som ett hyss.

Efter en månad på vårt bord,

En blomma i buketten stod.

Alla andra utom den var döda,

De hade tidigare varit röda.

Från rabatten med en kniv,

Slutade framtiden i deras liv.

Den enda dansade än,

Vad skulle jag göra med den.

Rötterna var amputerade,

Stjälken och blomman resterade.

Min ånger gav inget hopp,

Det var ju jag som satte stopp

En by

En by behövs säger man

Det är därför jag själv inte kan

Förr i tiden var vi fler omkring

Vi hjälptes åt med allting

Vi delade glädje och börda

På hösten gav vi oss ut att skörda

Grönsaker som mättade magen

Gemenskapen kryddade dagen

Alltid andra barn liten som stor

Nära till hands fanns far eller mor

Att själv stå för allt här hemma

Det är helt klart en annan femma

Måste

Aldrig vilja sluta,

se in i dina glimmande två.

Aldrig sluta känna,

din kind mot min.

Aldrig sluta ge,

min tid till dig.

Aldrig sluta höra din röst,

säga mitt namn.

Alltid veta att jag måste.

I mig

I mig jagar något

Slår hårt med piskan

Galopp galopp!

I mig skriker något

Rösten dånar högt

Bättre bättre!

I mig döljer något

Skynket över orden

Älska mig älska mig!

Ljuden

Du låg här nyss

Dina rörelser

Dina andetag

Ditt hjärtas slag

I det vi kallar tystnad

Nu hör jag

Hundars skall

Sus från bilar

Röster från gatan

I det vi kallar ensamhet

Tid nu

Tid nu

Att återerövra

tiden jag gett.

Tid nu

att skapa

livet jag fått.

Tid nu

att leva

dagarna jag har.